Feedbacks produtivos

SUA CARREIRA EM 20 MINUTOS

Feedbacks produtivos

Título original: *Giving Effective Feedback [HBR 20-Minute Manager Series]*
Copyright © 2014 por Harvard Business School Publishing Corporation
Copyright da tradução © 2022 por GMT Editores Ltda.
Publicado mediante acordo com a Harvard Business Review Press.

Todos os direitos reservados. Nenhuma parte deste livro pode ser utilizada ou reproduzida sob quaisquer meios existentes sem autorização por escrito dos editores.

tradução: Marcelo Schild
preparo de originais: Ângelo Lessa
revisão: Luis Américo Costa e Midori Hatai
diagramação: DTPhoenix Editorial
capa: DuatDesign
impressão e acabamento: Lis Gráfica e Editora Ltda.

CIP-BRASIL. CATALOGAÇÃO NA PUBLICAÇÃO
SINDICATO NACIONAL DOS EDITORES DE LIVROS, RJ

F319

Feedbacks produtivos / Harvard Business Review; tradução Marcelo Schild. – 1. ed. – Rio de Janeiro: Sextante, 2022.
96 p. ; 18 cm. (Sua Carreira em 20 minutos)

Tradução de: Giving effective feedback
ISBN 978-65-5564-444-9

1. Comunicação – Administração de pessoal. 2. Comunicação interpessoal. 3. Comunicação empresarial. I. Schild, Marcelo. II. Série.

CDD: 658.3125
22-78046
CDU: 005.57

Gabriela Faray Ferreira Lopes – Bibliotecária – CRB-7/6643

Todos os direitos reservados, no Brasil, por
GMT Editores Ltda.
Rua Voluntários da Pátria, 45 – Gr. 1.404 – Botafogo
22270-000 – Rio de Janeiro – RJ
Tel.: (21) 2538-4100 – Fax: (21) 2286-9244
E-mail: atendimento@sextante.com.br
www.sextante.com.br

Sumário

Apresentação — 7

Por que o feedback é importante — 11
O que torna um feedback produtivo? — 15
Supere o medo de dar feedback — 16

Quando o feedback se faz necessário — 21
Identifique as situações propícias — 21
Escolha o momento certo — 27

Como conduzir uma sessão de feedback — 35
Planeje a sessão — 35
Inicie a conversa — 40
Empenhe-se no diálogo — 43

Desenvolva um plano de ação — 51
Especifique os próximos passos — 51
Faça o acompanhamento — 55
Avalie a si mesmo — 57

Aprenda a lidar com situações difíceis 63
Lidando com funcionários que não se expressam 63
Gerenciando conversas potencialmente explosivas 65
Dando feedback a funcionários de alto desempenho 69
Dando feedback corretivo a seu chefe 72

Crie um clima favorável ao feedback 77
Torne o feedback uma prioridade 77
Dê feedback positivo em público 79
Empodere a equipe 81

Saiba mais 84
Fontes 93

Apresentação

VOCÊ OFERECE FEEDBACK a seus subordinados, colegas e chefes? Esse retorno de informações, quando feito da maneira correta, estimula comportamentos positivos e decisões altamente produtivas, efeitos que beneficiam a todos.

Este livro ensina os elementos básicos de um feedback produtivo, focado em resultados e integrado a seu modo de trabalhar em equipe. Você aprenderá a:

- reconhecer boas oportunidades para dar feedback;

- escolher o momento e os assuntos mais adequados;

- estabelecer um vínculo com quem recebe a avaliação;
- fazer com que seus comentários sejam valorizados;
- evitar ou administrar situações complicadas durante o diálogo;
- criar um clima que estimule conversas sobre desempenho.

Por que o feedback é importante

Por que o feedback é importante

Você acaba de descobrir que uma de suas subordinadas diretas, Judy, uma assistente de suporte técnico de TI, foi grosseira com um cliente ao telefone. Você se dá bem com Judy – ela é uma de suas melhores funcionárias e nunca houve reclamações a respeito dela –, mas o cliente ficou bastante aborrecido. Vale a pena abordar o assunto com ela e colocar em risco a relação dos dois?

Vale. Feedbacks construtivos no momento certo são essenciais para a criação de um ambiente de trabalho produtivo, e isso não precisa ameaçar relação nenhuma. Esse feedback deve ser oferecido da maneira correta, pois só assim a pessoa que o recebe pode usar o que ouviu para aprimorar o próprio desempenho, o de sua equipe e, em última análise, o da organização.

Embora a simples perspectiva de dar feedback pareça intimidadora, tenha em mente que essa conversa é essencial e benéfica, pois se trata de uma oportunidade de compartilhar suas observações sobre o desempenho de outro profissional visando a mudanças produtivas. No caso de Judy, o ideal é conversar com ela sobre o que aconteceu e garantir que o comportamento não se repita. Isso contribui para o desenvolvimento da própria funcionária e da organização.

Em geral, o feedback é corretivo – serve para ajudar o outro a mudar o que não está dando certo. Mas também pode ser positivo, com o objetivo de valorizar bons trabalhos e padrões utilizados para solucionar problemas.

Ao dar feedback, você pode:

- mostrar a subordinados e pares que está atento ao desempenho deles;

- sinalizar que está satisfeito com um trabalho bem-feito;

- ajudar a mudar comportamentos indesejáveis;
- sugerir caminhos mais produtivos;
- contribuir para o aprendizado e o desenvolvimento de outra pessoa;
- motivar e inspirar outros profissionais a melhorar o desempenho;
- fortalecer o relacionamento com os colegas;
- estimular uma comunicação aberta e o trabalho em equipe.

Dar feedback deveria ser parte do trabalho de qualquer profissional, e não algo oferecido apenas por um gestor aos seus subordinados. Em determinadas situações, pode ser útil estendê-lo a um par ou até ao chefe.

Reflita sobre o exemplo a seguir, de um feedback construtivo e produtivo dado logo após o teste de um novo processo de produção:

Você reparou que existe um gargalo numa fase da produção supervisionada por seu subordinado direto Bill, que se orgulha da própria eficiência. Depois de analisar os dados, você o aborda. Primeiro, reconhece a qualidade do trabalho que ele faz, mas depois pergunta o que ele acha que está acontecendo. Conforme o assunto se desenvolve, você descobre que Bill tem uma concepção errada sobre o novo processo de produção – para ele, o registro das atividades deve ser mais rigoroso do que era no processo anterior. Nesse momento, você esclarece a ele que deve haver mudança não no nível de registros, mas no formato. Conforme revisa os registros com Bill, você aponta quais elementos podem ser omitidos, fazendo-o poupar tempo e energia e retornar ao seu nível habitual de eficiência.

Nessa situação, o feedback proporciona uma mudança valiosa. Ao intervir cedo, você obtém resultados duradouros e também faz com que Bill volte a se sentir orgulhoso da qualidade do próprio trabalho. Esse é o efeito de um feedback que as pessoas efetivamente *ouvem* e *incorporam*.

O que torna um feedback produtivo?

Se você quer que seu feedback seja ouvido e incorporado, precisa dá-lo na hora certa e da maneira certa. Um feedback é verdadeiramente produtivo quando:

- é dado com frequência e dentro do contexto adequado;
- busca atingir um resultado específico;
- tem expectativas realistas;
- é respeitoso com quem o recebe;
- é uma conversa de mão dupla;
- é um ponto de vista, não uma verdade absoluta;
- parte do pressuposto de que você poderá acompanhar a evolução do caso.

Esses são os princípios fundamentais deste livro. Um bom feedback pode influenciar positivamente no desempenho da sua equipe. Antes de tudo, porém, é preciso superar o medo.

Supere o medo de dar feedback

Mesmo sabendo da importância do feedback, talvez você hesite em dá-lo, sobretudo quando se trata de um feedback corretivo. Isso porque você:

- teme que o destinatário deixe de gostar de você ou que isso desgaste a relação;
- presume que ele não consiga lidar com o feedback;
- lembra-se ou sabe de situações em que o destinatário não reagiu bem a um feedback ou não fez nada a respeito;
- acha que a pessoa já está presa demais ao próprio modo de fazer as coisas e que, por isso, o feedback não surtirá efeito;
- teme que o feedback provoque uma situação constrangedora ou uma reação intempestiva.

Porém, a realidade é que, ao temer o pior, você evita conversas produtivas. Por outro lado, perceber que nós mesmos construímos muitos desses obstáculos pode nos levar a superá-los. Quanto mais feedbacks você der, tanto positivos quanto corretivos, mais as duas partes irão se acostumar a ter esse tipo de conversa. Descobrir a maneira mais eficaz de preparar e conduzir uma reunião de feedback vai ajudá-lo a superar os bloqueios que o estão impedindo de ter essas conversas.

Lembre-se: o feedback construtivo não só compensa o risco de desgastar a relação como é essencial para a saúde da empresa.

Quando o feedback se faz necessário

Quando o feedback se faz necessário

O FEEDBACK NÃO DEVE acontecer apenas na hora da avaliação de desempenho. Deve ser um processo constante, parte do dia a dia do trabalho. Isso não significa que todo comportamento mereça um comentário ou uma reação. Seu feedback provavelmente surtirá um efeito positivo e duradouro quando for dado no momento propício e focar num comportamento que a outra pessoa seja capaz de mudar.

Identifique as situações propícias

O feedback pode ser útil nas seguintes instâncias:

- quando um trabalho bem-feito, um projeto bem-sucedido ou um comportamento positivo merecem reconhecimento;

- quando há grande chance de o feedback fazer com que a pessoa desenvolva determinada habilidade que provavelmente precisará usar em breve;

- quando a pessoa já está esperando feedback, seja porque a conversa está agendada ou porque ela sabe que você detectou o comportamento a ser abordado;

- quando um problema não pode ser ignorado, pois está afetando negativamente um colega, a equipe ou toda a organização.

Em outros casos, o feedback pode ser prejudicial. Evite dá-lo nas seguintes circunstâncias:

- quando você não dispuser de todas as informações sobre determinada situação;

- quando pretender falar a respeito de fatores ou comportamentos que o destinatário não poderá mudar ou controlar facilmente;

- quando a pessoa tiver acabado de passar por um período difícil e aparentar estar bastante emotiva ou vulnerável;

- quando você estiver sem tempo ou sem paciência para dar feedback de maneira tranquila e minuciosa;

- quando você estiver apenas tentando impor sua preferência pessoal, e não focando na necessidade de um comportamento mais eficiente por parte da outra pessoa;

- quando você ainda não souber o que o destinatário precisa fazer para se aprimorar em determinada questão.

Ao dar feedback positivo com frequência, seu feedback corretivo – quando justificado – parecerá mais aceitável e menos ameaçador. Se você só dá feedback quando os problemas aparecem, pode passar a impressão de ser um profissional excessivamente crítico ou que não sabe valorizar os funcionários.

Se o destinatário do feedback questionar seus motivos, certamente é porque não o aceitou bem.

Portanto, antes de dar qualquer feedback, pergunte-se se existe alguma razão para o que está sugerindo. Talvez você queira apenas suprir suas necessidades e fazer valerem suas preferências pessoais, e não esteja pensando no que é melhor para a equipe ou para a organização.

Veja o caso de Sarah, por exemplo. Ela está sempre trabalhando em vários projetos ao mesmo tempo, fica até tarde no trabalho e na maioria das vezes corre para terminar as tarefas em cima do prazo. Sempre consegue concluir todas elas, e com qualidade, mas essa sobrecarga deixa qualquer um estressado. Agora imagine que você é colega de Sarah e quer dar a ela um feedback corretivo sobre sua gestão de tempo.

Antes de acusar Sarah de não saber organizar o próprio tempo, pergunte-se: esse estilo de trabalho reduz a qualidade do trabalho dela ou a deixa infeliz? Sarah sempre trabalhou bem em equipe e seus resultados são excelentes. Talvez ela termine tudo em cima do prazo porque a pressão a ajuda a se concentrar. Talvez fique até tarde não porque falta tempo durante o dia, mas porque prefere trabalhar em paz quando o escritório está vazio.

Nesse caso, talvez seu estilo de trabalho e suas preferências pessoais o levem a dar um feedback corretivo injustificado. Caso Sarah perceba isso, pode se tornar menos propensa a escutar seus feedbacks realmente necessários no futuro.

É possível mudar um comportamento?

Antes de decidir dar feedback, você precisa saber se o problema pode ser corrigido pelo colega ou subordinado em questão. A Figura 1 a seguir ilustra quais comportamentos e traços costumam ser mais fáceis ou difíceis de influenciar.

O feedback exerce mais impacto nos três primeiros itens da esquerda para a direita. É

FIGURA 1

**Influenciando o comportamento:
do mais fácil ao mais difícil**

Fácil de influenciar — Difícil de influenciar

| Habilidades profissionais | Gestão de tempo e de trabalho | Conhecimento | Comportamentos | Hábitos | Traços de personalidade |

possível ajudar outra pessoa a evoluir em áreas como habilidades profissionais (ensinando a usar um novo banco de dados), gestão de tempo (mostrando como organizar as tarefas por ordem de prioridade) e conhecimento (apresentando e explicando o novo Código Tributário). Isso acontece porque é nessas áreas que as mudanças ameaçam menos a autoestima de quem recebe o feedback.

Um feedback relativo a comportamentos, hábitos ou traços de personalidade pode ser interpretado como um ataque pessoal. Isso não significa que você não deve tentar influenciar o comportamento do colega ou subordinado, por exemplo, que não goste de trabalhar em equipe. No entanto, será mais eficaz seguindo passos claramente definidos em um protocolo de trabalho colaborativo do que simplesmente exigindo que ele "aprenda a gostar de trabalhar em equipe".

Em outras palavras, o feedback deve ser visto como um pedido para que determinados comportamentos ou formas de realizar as tarefas sejam modificados, e não como uma exigência de uma reforma geral na personalidade. Se a pessoa sentir que não é capaz de mudar, provavelmente vai bater o pé e ignorar sua orientação ou vai internalizar a própria frustração e se sentir desmotivada.

Escolha o momento certo

Quando estiver claro que o feedback é o caminho certo, identifique o momento ideal para a conversa. É importante que aconteça logo depois que o comportamento sobre o qual deseja falar for observado. Dar feedback não é uma tarefa fácil, e às vezes é tentador esperar para ver se a postura vai se repetir, mas a conversa será mais eficaz enquanto a situação estiver fresca na cabeça dos dois. Em geral, se você aguarda a avaliação de desempenho programada para discutir essas questões, acaba ficando tarde demais, pois até lá meses podem ter se passado. (Veja o quadro Diferença entre feedback, coaching e avaliação de desempenho, na página a seguir.)

Agora pense outra vez na situação de Bill, que estava provocando um gargalo na produção. Se ele não tivesse recebido um feedback rapidamente, seu esforço desnecessário para manter o nível de registros poderia ter causado um atraso com

DIFERENÇA ENTRE FEEDBACK, COACHING E AVALIAÇÃO DE DESEMPENHO

Se você concluiu que um colega precisa mudar de comportamento ou hábito para ter um bom desempenho profissional, talvez não baste ter uma conversa individual de feedback. Caso se trate de um subordinado direto, é possível que você precise elaborar uma solução a longo prazo. Uma possibilidade é oferecer um coaching para ajudá-lo a desenvolver determinadas habilidades. Como coach (instrutor ou orientador), você deve criar um plano e um cronograma para dar feedbacks regulares ao seu subordinado e orientá-lo em outras atividades de aprendizado e aprimoramento.

Os resultados do feedback e do coaching podem ser discutidos na avaliação regular de desempenho – um momento diferente do feedback de rotina, pois é mais formal e concentra-se em tarefas que já foram feitas. Em geral, as avaliações de desempenho são agendadas em intervalos fixos e determinados pela empresa, como uma ou duas vezes por ano. A Tabela 1 (página a seguir) mostra uma comparação entre feedback, coaching e avaliação de desempenho.

TABELA 1

Comparação entre feedback, coaching e avaliação de desempenho

	Feedback	Coaching	Avaliação de desempenho
Objetivo	Reforçar ou modificar comportamentos	Aprimorar habilidades	Avaliar trabalhos já realizados
Participantes	Duas (ou mais) pessoas	Geralmente do gestor para o subordinado direto, mas pode ser multidirecional	Do gestor para o subordinado direto
Local	Qualquer espaço privativo e tranquilo	Depende da habilidade a ser aprendida	Geralmente na sala do gestor
Tom	Geralmente casual, mas também pode ser formal	Relativamente formal	Bastante formal
Momento	Frequente e quando necessário (ou durante as sessões de feedback formais)	Nas reuniões regulares	Em momentos predeterminados, como a cada seis meses ou uma vez por ano
Acompanhamento	Contínuo	Contínuo	Com base no plano de ação

um cliente, comprometendo um fluxo de receita e diminuindo a motivação de toda a equipe de produção. Bill continuaria frustrado e, como gestor dele, você teria perdido uma oportunidade de mostrar que sabe que ele é capaz de realizar um trabalho melhor – o que contribui muito para a construção de um diálogo e para a motivação. As pessoas costumam se dar bem com quem as ajuda a cortar o estresse pela raiz. Se você tivesse demorado para dar a Bill o poder de resolver o problema, talvez ele tivesse sido menos receptivo na hora de ouvir o feedback.

O feedback antes do tempo – improvisado, sem ser planejado com antecedência – também pode ser contraproducente. Ao fazer avaliações precipitadas, você corre o risco de parecer que está exagerando ou que não está sendo sincero. Quando se precipita no julgamento ("Por que diabos você fez isso?"), você desmoraliza o profissional e, quando oferece elogios vazios ("Seu trabalho parece bom"), pode causar decepção. Antes de oferecer sua perspectiva sobre determinado assunto, reúna todos os fatos e dados necessários.

Agora, pense em Judy, a assistente de suporte técnico de TI que irritou o cliente ao telefone.

Antes de falar com ela, talvez seja melhor saber a história completa. Para isso, será preciso ouvir a gravação do telefonema, ler todos os registros do caso e conversar com colegas que testemunharam a situação.

Se houve algum incidente grave, espere todos se acalmarem e colocarem a cabeça no lugar, depois reserve uma hora propícia para conversar. De posse das informações, você será capaz de reagir de forma ponderada no instante exato. Escolha um momento em que a pessoa possa lhe dar atenção total. Abordar o funcionário numa sexta à tarde, logo antes de uma reunião ou no meio de um dia corrido provavelmente não será produtivo. Quando o assunto é feedback, o contexto é tão importante quanto o conteúdo.

Após identificar o que deseja mudar e agendar a conversa, é hora de planejar e executar o feedback propriamente dito. Trataremos disso no próximo capítulo.

Como conduzir uma sessão de feedback

Como conduzir uma sessão de feedback

O OBJETIVO DO FEEDBACK é reforçar comportamentos positivos ou colaborar para melhorar o desempenho de quem o recebe. Quando der feedback corretivo, não se limite a fazer queixas ou críticas – concentre-se no futuro, comunicando as mudanças que você espera ver. Para isso, o primeiro passo é fazer um planejamento cuidadoso.

Planeje a sessão

Mesmo que você precise dar feedback com urgência, é essencial se preparar para a conversa. Após concluir que precisa compartilhar sua perspectiva sobre determinado assunto e decidir o momento, comece a trabalhar no conteúdo. Eis os pontos que você deve levar em conta:

- Reúna toda as informações disponíveis sobre a postura inadequada e seu efeito sobre a equipe ou o projeto, de modo a obter uma visão objetiva e abrangente da questão. Durante a preparação, pergunte-se o que você pode fazer caso o funcionário discorde de sua versão dos fatos ou apresente provas que você desconheça e que contradigam seu ponto de vista.

- Crie um plano de discussão. Anote os assuntos a serem abordados e preveja as reações do funcionário. Pense em possíveis perguntas que ele pode fazer sobre a sessão de feedback e elabore as respostas de antemão.

- Prepare-se para ouvir, não apenas para falar. Você pode, por exemplo, dividir a conversa em duas partes: na primeira, faz as perguntas e, na segunda, ouve as respostas. Além disso, procure prever quais perguntas ele pode ter em mente e vá preparado para respondê-las.

- Reflita sobre o que você deseja alcançar com o feedback, tanto a curto quanto a longo prazo (falaremos mais sobre isso no capítulo Desenvolva um plano de ação).

Organize seus pensamentos por escrito. A Tabela 2 (página 38) usa o exemplo de Judy para mostrar como identificar os tipos de pergunta que você pode ouvir e para os quais vale a pena ter a resposta antes da conversa.

Depois, reflita sobre a logística da conversa:

- Sempre que possível, avise ao funcionário que deseja conversar com ele para dar feedback. Escolha um momento que ele considere conveniente, mas evite demorar demais. Converse em particular, sobretudo caso o feedback seja corretivo.

- Tome notas e faça agendamentos. Ter caneta e papel à mão demonstra que você pretende acompanhar o caso.

TABELA 2
Planejando uma sessão de feedback

Pontos a preparar	Exemplo
Visão geral em uma frase	Judy foi grosseira com um cliente que ligou para o suporte de TI.
Relato objetivo do que aconteceu	O cliente relatou que Judy "falou em tom de voz agressivo" e que afirmou que "não tinha a menor ideia" de quanto tempo o servidor permaneceria fora do ar. Quando pediu uma estimativa de tempo para normalizar a situação, Judy gritou com ele.
Relato objetivo do efeito da situação sobre a equipe ou o projeto	Os colegas de TI que entreouviram a conversa ficaram aflitos. O cliente fez uma reclamação formal, colocando em risco a reputação do departamento e de toda a empresa.
Possíveis objeções ao relato objetivo e como você lidará com elas	Judy pode negar que foi grosseira. Se ela fizer isso, comente que os relatos do cliente e de outros funcionários corroboram a história. Explique o que você considera uma atitude grosseira.

Plano de discussão	1. Apresente os fatos a Judy e mostre que está ciente do que aconteceu. 2. Escute a versão de Judy. 3. Deixe claro que não irá tolerar grosserias com os clientes. 4. Junto com Judy, reflita sobre maneiras de evitar essas ocorrências no futuro.
Possíveis barreiras para o feedback	Judy pode estar irritada e ansiosa. Talvez não queira discutir o que aconteceu ou prefira se defender em vez de relatar o ocorrido.
Formas de superar as barreiras	Não seja intolerante. Escute a versão de Judy com atenção e, caso *ela* queira lhe dar um feedback, esteja disposto a ouvir.
Quais perguntas você tem a fazer?	Do ponto de vista de Judy, o que aconteceu? Como ela pode manter o controle quando situações como essa ocorrerem no futuro?
Quais perguntas ela pode fazer?	Talvez Judy queira saber que tipo de comportamento é considerado grosseiro, o que fazer caso um cliente grosseiro pergunte algo que ela não saiba responder e como melhorar o próprio desempenho.
Resultado(s) desejado(s) a curto prazo	Fazer Judy se comprometer a nunca mais ser desrespeitosa com os clientes.
Resultado(s) desejado(s) a longo prazo	Encontrar uma forma de tornar as condições de trabalho de Judy menos frustrantes para ela.

O funcionário se mostrará bem mais propenso a ouvir o que você tem a dizer se perceber que você está preparado. Com isso, você se comunicará com tranquilidade e ele se sentirá mais confiante em aceitar suas orientações.

Inicie a conversa

Os momentos iniciais de uma conversa de feedback são cruciais. Os primeiros sinais que você envia provavelmente influenciarão o comportamento do outro ao longo de toda a conversa.

Em geral, não é difícil enviar sinais de que se pretende dar um feedback positivo. Quando você deixa claro, de antemão, que deseja fazer um elogio, o próprio contexto costuma ser suficiente. Ao elogiar, seja específico. Por exemplo: "Maria, você fez um ótimo trabalho no projeto Simmons semana passada. Fiquei especialmente impressionado com seu jeito de lidar com as preocupações do cliente a respeito do prazo e com o plano que desenvolveu para tranquilizá-lo. Quero lhe mostrar o impacto positivo que causou no resto da equipe." E não pare por aí. Pergunte a Maria o que lhe permitiu realizar um trabalho tão bom. Ideias ótimas e inesperadas podem ser reveladas.

Dar feedback corretivo costuma ser mais complicado. Não existe uma fórmula infalível, pois as circunstâncias e a personalidade de cada um determinarão o melhor caminho. Os seguintes princípios podem ajudá-lo:

- Sentem-se frente a frente, sem obstáculos físicos entre vocês, como uma mesa ou uma escrivaninha.

- Evite interrupções. Se possível, deixe o celular no silencioso e ignore e-mails, mensagens de texto e outras distrações. Concentre-se na pessoa com quem está falando.

- Adapte seu estilo de comunicação. Por exemplo, caso precise dar feedback corretivo a uma pessoa extrovertida, converse casualmente por alguns minutos antes de entrar no cerne da questão.

- Adote o tom de um professor experiente: demonstre confiança ao orientar, mas evite ser condescendente ou intolerante.

- Considere o ponto de vista do outro. Tente compreender quem ele é e como deseja se desenvolver na empresa.

- Imagine-se no lugar do outro. Pense no que você precisaria ouvir para sair da conversa sentindo-se pronto para fazer mudanças positivas.

- Procure compreender de que forma características como gênero, idade e personalidade podem afetar a reação do funcionário. Algumas pessoas podem não gostar de um feedback direto e objetivo. Nesses casos, talvez seja melhor bater um papo mais leve.

Voltemos ao exemplo de Judy. Talvez você queira começar a conversa resumindo o que ouviu e bancando o autoritário: "Judy, um cliente reclamou comigo que você foi muito grosseira com ele semana passada. Vários outros membros da equipe ouviram o que você disse e concordam com o cliente. O que você tem a dizer?"

Esse tipo de abordagem provavelmente colocará Judy na defensiva e não a deixará nem um pouco menos aborrecida e ansiosa, como você deve ter identificado no trabalho de preparação. Em vez disso, tente remover algumas das barreiras que percebeu de antemão. Para isso, comece da seguinte maneira: "Judy, você sabe que estamos aqui para conversar sobre seu telefonema com o cliente. Primeiro, quero compartilhar a informação que tenho, depois ouvir seu ponto de vista. Por fim, podemos discutir o que fazer. O que acha?"

Ao começar dessa maneira, você mostra que pretende ter uma conversa bilateral e trabalhar com ela para encontrar a melhor solução para o problema. Judy saberá de cara que terá a oportunidade de ser ouvida, e isso pode fazê-la se sentir mais respeitada e deixá-la menos aborrecida e ansiosa. Depois desse primeiro momento, você pode descrever sua versão dos fatos e encorajá-la a compartilhar o próprio ponto de vista.

Empenhe-se no diálogo

Após iniciar a sessão de feedback, seja ele positivo ou corretivo, e expor a questão com clareza, estimule o funcionário a explicar seu comportamento com as próprias palavras. Preste muita atenção em como ele reage. Para isso, faça o seguinte:

- *Pratique a escuta ativa.* Preste atenção na mensagem do outro e no que está subentendido em vez de pensar no que vai responder. Acima de tudo, escute com atenção o que está sendo relatado e quais imagens e metáforas ele usa. Caso não entenda algo, pergunte.

- *Repare nos sinais não verbais.* Preste atenção na linguagem corporal e no tom de voz do funcionário. Condizem com o que ele está falando? A linguagem corporal parece tensa ou desconfortável? Comente o que vê e peça que ele fale a respeito dos sinais. ("Judy, você parece aborrecida. Eu disse algo que lhe pareceu injusto? Fale sobre isso.")

- *Monitore as próprias reações.* Se você se recosta na cadeira ou cruza os braços, demonstra resistência. Se bate o lápis na mesa ou fica olhando para o celular, dá a entender que não tem interesse no que está sendo dito. Mas, se inclina o corpo para a frente, mantém contato visual e assente nos momentos apropriados, mostra que está ouvindo e compreendendo. O colega pode aproveitar essa oportunidade para dar a *você* um feedback. Caso isso aconteça, reaja dando a mesma abertura que espera dele (veja o quadro Esteja aberto a receber feedback, na página seguinte).

- *Parafraseie o que ele disser.* Ao repetir o que ele diz com suas palavras, você demonstra que compreendeu o que foi falado. Se algo não estiver claro, faça perguntas até que os dois estejam de acordo.

Após dar um feedback corretivo e ouvir o ponto de vista do funcionário, é importante identificar a questão essencial da conversa. Isso nem sempre é tão fácil quanto parece, tendo em vista que comportamentos superficiais às vezes são fruto de problemas mais profundos.

Se um funcionário seu vive se atrasando, vocês podem até concordar que o problema é esse, mas as causas por trás disso podem não estar evidentes. Talvez ele chegue tarde porque está enfrentando dificuldades em casa ou se sinta infeliz

ESTEJA ABERTO A RECEBER FEEDBACK

À medida que conversa com um funcionário sobre determinado problema, escuta o que ele tem a dizer e faz perguntas, você pode descobrir que *ele* tem um feedback a lhe dar. Pode ser sobre algum processo ou sobre sua forma de se comunicar ou de interpretar a questão que motivou o feedback original. Você deve aprender a receber feedback de peito aberto e a valorizar as recompensas que isso pode lhe proporcionar.

Quando alguém lhe dá um feedback honesto, você está recebendo a oportunidade de melhorar sua relação com ele mostrando que interage bem com as pessoas e tem consciência do impacto de seu comportamento, suas ações e sua forma de trabalhar.

Ao receber feedback, procure se lembrar das seguintes dicas:

- Preste muita atenção no ponto de vista da outra pessoa e analise a intenção dela. O que ela quer que você extraia da conversa? Reflita sobre a validade do feedback dela e, caso tenha dúvidas, pergunte.

(continua)

- Baixe a guarda. Caso se aborreça, tente respirar fundo ou faça um pequeno intervalo.

- Resista ao impulso de justificar seu comportamento ou suas ações. Espere sua vez de falar e exponha seu ponto de vista com clareza e tranquilidade.

- Identifique o que pode aprender com o feedback. Concentre-se em como melhorar e em como pode ser ajudado pela pessoa que está lhe dando o feedback.

- Elabore um plano de ação. Trabalhe com o outro e desenvolva uma série de passos que você pode dar. Peça apoio a ele. Anote os planos à medida que os discute.

- Por fim, saiba reconhecer quando uma crítica a seu comportamento não couber no feedback em questão, mesmo que válida. Nesse caso, agende outro momento para discutir esse feedback específico e retorne à questão.

(continua)

> Você tem direito de conferir com outras fontes a pertinência do feedback recebido. Isso pode ajudá-lo a aceitar ou modificar a mensagem que recebeu. De qualquer forma, sempre agradeça pelo feedback: trata-se de um presente que pode melhorar a relação de vocês.

e sem ânimo no trabalho. Talvez simplesmente não ligue para o horário de entrada porque costuma concluir as tarefas a tempo. A questão é que, ao explorar a causa fundamental do comportamento, você terá condições de determinar os passos que podem corrigi-lo e ajudar o colega e o resto da equipe a aumentar a produtividade.

Não existe fórmula para uma conversa de feedback. Todas são únicas, de acordo com a situação e as pessoas envolvidas. Seguindo os passos apresentados neste capítulo, você terá mais chances de manter uma troca produtiva. No próximo capítulo, você aprenderá a desenvolver um plano de ação para transformar um feedback em um passo a passo prático.

Desenvolva um plano de ação

Desenvolva um plano de ação

DAR FEEDBACK – sobretudo corretivo – pode ser uma tarefa difícil. Muitos profissionais suspiram de alívio quando concluem essa parte do trabalho. A verdade, porém, é que o feedback não acaba quando a conversa termina. Para ser realmente eficaz, ele precisa ser ouvido *e* implementado. Portanto, o passo seguinte é planejar sua continuidade.

Especifique os próximos passos

No caso de um feedback positivo, divulgue o bom trabalho do funcionário como um exemplo a ser seguido ou peça a ele que ministre sessões de treinamento ou coaching para outros colegas na área em que ele tenha se destacado. Deixamos passar muitas oportunidades valiosas por estarmos ocupados com a rotina do dia a dia, mas compartilhar o segredo do sucesso de um funcionário pode aumentar a eficiência e a motivação dos outros.

No caso de um feedback corretivo, após identificada a questão central, você e seu funcionário devem trabalhar juntos para desenvolver um plano de ação que leve em conta a causa do comportamento a ser evitado. Se, por exemplo, você descobriu que ele sempre chega atrasado porque mora muito longe do trabalho, permita que ele faça home office alguns dias por semana. Você também pode deixar claro qual é o efeito do comportamento sobre os colegas: caso os atrasos dele não só afetem a produtividade dele próprio como desestimulem os que são pontuais, talvez ele passe a se sentir mais motivado para chegar na hora. Considere também as seguintes possibilidades:

- *Incentive-o*. Encontre tarefas mais interessantes e agradáveis para seu subordinado como incentivo para que ele chegue na hora.

- *Seja rígido.* Exija pontualidade e estabeleça consequências claras para os atrasos (você pode, por exemplo, documentar a situação em uma análise formal de desempenho, o que reduziria as chances de promoção dele).

- *Procure uma alternativa.* Pense na possibilidade de mudar o horário formal de trabalho do funcionário, para que ele possa chegar uma hora mais tarde sem problemas, ou até de permitir home office um ou mais dias por semana. Você pode até flexibilizar os horários da equipe inteira, para que cada um chegue no horário mais adequado às próprias necessidades.

Seja qual for a sua abordagem, certifique-se de que, ao fim da conversa, vocês dois tenham a mesma compreensão do que precisará ser feito a partir de então. Para isso você deverá:

- criar um resumo do plano. Caso tenha vários componentes, especifique-os um a um;

- fazer com que o funcionário demonstre saber quais serão os passos seguintes. Ele pode simplesmente afirmar quais serão esses passos ou concordar com algo que você escreveu;

- perguntar diretamente como ele se sente em relação ao plano. Caso perceba que ainda restam pontos por resolver, procure esclarecê-los ou, se for o caso, alterá-los;

- determinar quando e como o acompanhamento (follow-up) será realizado. Seja o mais específico possível;

- estabelecer um prazo para cumprir a meta principal e, se for o caso, também para os objetivos intermediários menores.

Após especificar quais serão os passos seguintes, assegure-se de que tanto você quanto seu funcionário acreditem que o plano pertence a *vocês dois*. Esse senso de propriedade mútua aumenta em muito a chance de o feedback surtir efeitos positivos.

Faça o acompanhamento

Para o bem do funcionário, da equipe e da organização, não interrompa o processo de mudança após o fim da reunião de feedback. Quando for feedback positivo, por exemplo, continue enfatizando o bom comportamento ao longo do tempo. Se for algo que outros possam aprender, providencie para que o profissional elogiado conduza sessões de treinamento ou coaching com outros colegas.

Em casos de feedback corretivo, continue observando como o profissional está se saindo e se está seguindo o plano de ação combinado. Mais especificamente, você deverá:

- fazer checagens regulares para garantir que o plano de ação esteja sendo cumprido. Para isso, siga à risca o cronograma que desenvolveu;

- pedir ao funcionário que descreva o próprio progresso. Estimule-o a ser honesto quanto aos obstáculos e faça o possível para eliminá-los;

- ser explícito ao perceber melhorias. Quando ele apresentar o comportamento desejado, faça elogios. Funciona como um reforço;

- ser honesto caso o progresso esteja lento demais ou simplesmente não ocorra. Nesse caso, conversem para buscar alternativas e colocar a situação nos eixos.

O feedback não é a cura para todos os males no trabalho. Às vezes, o profissional que o recebe não muda, mesmo depois de várias conversas. Existem diversas razões para isso: talvez ele discorde de você, não compreenda que é preciso mudar ou até não se importe. Caso você seja o superior direto e o problema persista apesar de seu acompanhamento atento e criterioso, talvez seja preciso tomar medidas mais severas.

Antes de tudo, se não estiver observando evolução, procure identificar se você está fazendo algo que *contribui* para o problema. Você foi bastante claro ao dar o feedback? O funcionário compreendeu o que deveria fazer? Você o apoia? Peça ajuda e recomendações ao RH ou, caso você não seja o gestor do funcionário avaliado, fale com o chefe dele e procure soluções. Se o comportamento continuar, marque outra conversa, mas dessa vez chame um terceiro elemento como testemunha – alguém do RH, por exemplo. Documente cuidadosamente o que ele disser, com o que está concordando e como se comporta.

Caso você não perceba melhora, talvez este funcionário não seja o mais apropriado para sua equipe ou organização. Se você seguiu os passos corretamente, mas mesmo assim a situação se tornou insustentável e a demissão se apresenta como a melhor saída, pelo menos você saberá que está fazendo o melhor para todos os envolvidos. Você, sua equipe e sua organização não precisam sofrer pelo comportamento de apenas um indivíduo.

Para mais orientações sobre como proceder caso o feedback não seja bem aceito, leia o capítulo Aprenda a lidar com situações difíceis.

Avalie a si mesmo

Nunca se esqueça de seu papel no processo de feedback. Você também deve aprender com a conversa, mesmo quando a conduz. Depois de uma sessão, use a Tabela 3 a seguir para descobrir como a reunião transcorreu e para monitorar o progresso de seu follow-up.

Os planos de ação, um follow-up cuidadoso e a autoavaliação reforçam a natureza contínua do feedback construtivo. Em suma, o aprendizado (para seu funcionário *e* para você) não termina

TABELA 3

Avaliando o processo de feedback

Assunto	O que funcionou?	O que pode melhorar?
Processo		
Planejamento do feedback		
Início da reunião		
Discussão dos pontos pertinentes		
Atenção ao que o funcionário diz		
Desenvolvimento de um plano de ação		
Relacionamento		
Estilo de comunicação		
Reação do funcionário		
Nível de confiança e respeito mútuos		
Resultados		
Impacto das mudanças		
Velocidade das mudanças		
Expectativas e progresso		

ao fim da sessão. Quando você age pensando no princípio da continuidade, seu exemplo exerce um impacto sobre seus subordinados e seus colegas, e todos na equipe são beneficiados.

Aprenda a lidar com situações difíceis

Aprenda a lidar com situações difíceis

A MAIORIA DAS SESSÕES de feedback é tranquila e termina de forma positiva, sendo o feedback corretivo ou não. Às vezes, porém, a situação pode ser mais complicada. Este capítulo trata de grandes desafios que podem surgir nessa hora.

Lidando com funcionários que não se expressam

Algumas pessoas são indiferentes ao feedback, mesmo quando positivo. Isso pode acontecer, entre outros motivos, por terem medo de não serem benquistas, por terem alguma ideia negativa a respeito da pessoa que está dando o feedback ou até pela forma como a cultura local determina que o subordinado deve interagir com superiores. Seja como for, é preciso resolver a situação, mesmo que isso deixe o funcionário desconfortável.

Quando você precisa dar feedback a uma pessoa calada, tímida ou que não se expressa, paciência é a palavra-chave. Não apresse a conversa nem tente forçar a pessoa a responder algo. Faça pausas para que ela tenha a oportunidade de refletir e se articular. Ao dar espaço para ela pensar e falar, você pode alcançar ótimos resultados.

Durante a conversa, procure obter o ponto de vista do funcionário. Faça perguntas abertas, que exijam mais do que um simples "sim" ou "não" como resposta. Por exemplo: "Qual foi seu raciocínio para dizer ao cliente que não poderíamos ajudá-lo?" ou "Como você se preparou para a apresentação?". Questões do tipo são úteis em qualquer conversa individual de feedback e mostram à pessoa não comunicativa que você deseja ouvir e compreender o ponto de vista dela. Na prática, o que você está dizendo é: "Meu ponto de vista sobre esta questão não é o único."

Gerenciando conversas potencialmente explosivas

Diferente dos colegas caladões, algumas pessoas ficam na defensiva ao receber críticas durante um feedback corretivo. Esse comportamento nasce do desejo que elas têm de transmitir a própria versão dos fatos. Nesse caso, conforme descrito no capítulo Como conduzir uma sessão de feedback, você deve estimulá-las a compartilhar o próprio ponto de vista e se mostrar disposto a reconhecer quando perceber que entendeu os fatos de maneira errada.

O mais provável, porém, é que essa postura surja quando há uma falha na comunicação produtiva e honesta, levando o funcionário a interpretar suas motivações e intenções de forma equivocada.

Relembrando o primeiro capítulo, imagine uma versão diferente do caso de Bill, o funcionário que costuma ser eficiente mas que, com a mudança no sistema de produção, acabou criando um gargalo. Dessa vez, quando você descreve o problema, ele explode: "Por que você esperou tanto tempo para me dizer isso? Agora eu já desenvolvi um sistema e é tarde demais para fazer mudanças. Isso sem falar em todas as vezes que fiquei trabalhando até tarde da noite!" Quando você tenta explicar que acabou de saber do problema, Bill argumenta que está na hora do almoço e sai de sua sala.

Interações explosivas podem ser difíceis de solucionar. Caso preveja que a conversa pode se tornar conflituosa, planeje-se e procure seguir estas recomendações:

- Se o funcionário está aborrecido ou com raiva, espere-o se acalmar antes de abordá-lo. (Porém, lembre-se de que, mesmo que ele pareça tranquilo antes da conversa, questões não resolvidas podem vir à tona pouco antes de vocês se encontrarem ou até durante a sessão.)

- Antes da conversa, liste os assuntos sobre os quais precisa falar. Dessa forma, você evita se distrair ou esquecer algum tópico.

- Planeje e ensaie sua reação a possíveis momentos de exaltação da outra pessoa. (A Tabela 2, na página 38, pode ajudá-lo a lidar com interações possivelmente difíceis.)

- Planeje dar um feedback simples; limite-se a um ou dois pontos principais. Situações explosivas podem piorar se você listar muitos pontos que o colega precisa melhorar, pois ele pode imaginar que você está apenas fazendo uma longa lista de críticas.

Durante a conversa:

- Solicite o ponto de vista do funcionário e escute a resposta dele com toda a atenção.
- Evite que ele assuma uma postura defensiva. Para isso, diga frases que mostrem que você está ouvindo atentamente, como "Entendo o que está me dizendo" ou "Esse é um ponto de vista importante". Além disso, destaque os itens em que vocês estão de acordo. Isso ajudará você a estabelecer uma conexão. Comentários como "Nós concordamos em relação a isso" ajudam a transmitir a mensagem de que você quer trabalhar *com* o profissional, e não *contra* ele.
- Mantenha a compostura. Fale de forma pausada, tranquila e articulada. Evite frases

que possam soar como críticas. Por exemplo, a pergunta "Pode me ajudar a compreender esse ponto um pouco melhor?" é bem menos intimidadora do que "Não faço a menor ideia do que você quer dizer".

- Aponte o foco da discussão para longe do ponto de discórdia. Procure construir pequenos acordos sobre detalhes básicos da situação: o que aconteceu, quando, etc.

No caso de Bill, em vez de começar a conversa descrevendo o problema do gargalo, você pode perguntar como ele acha que a nova forma de produção tem funcionado. Isso dará a Bill a oportunidade de identificar a questão antes que você o faça. Caso ele não cite a informação que é o motivo do feedback, diga que acabou de saber o que vem acontecendo e depois o descreva em detalhes: "Bill, acabo de descobrir um problema na linha de produção e, considerando que você é muito eficiente, queria ouvir primeiro seu ponto de vista." Essa abordagem indicará que você confia em Bill e aprecia seu trabalho e não o fará pensar que você reteve informações por muito tempo antes de falar com ele. Detalhe: ensaie essa frase antes de se reunir com Bill. Isso o ajudará a dizê-la em um tom casual, não crítico.

Se, apesar de seus esforços, Bill continuar na defensiva, concentre-se em detalhes ou fatos objetivos do assunto sobre os quais vocês concordem a respeito: "Sim, você está correto quando diz que a nova linha de produção leva três dias para finalizar o produto." Em algum momento você chegará ao cerne do problema, mas, caso tenha estabelecido uma base em comum com Bill, será menos provável que ele fique furioso e saia intempestivamente de sua sala.

Dando feedback a funcionários de alto desempenho

Às vezes, as pessoas mais difíceis de influenciar com feedback são as que fazem o melhor trabalho. Para a empresa, porém, é fundamental que seus melhores colaboradores recebam um feedback produtivo, pois isso os mantém engajados e motivados e os ajuda a atingir o potencial máximo.

Segundo os especialistas, ao lidar com funcionários de alto desempenho não se deve abandonar os princípios básicos do feedback: os conselhos deste livro se aplicam a quem quer que seja o destinatário do feedback. A seguir, porém, estão dicas específicas para expandir os conceitos básicos e ajudar você a suprir as necessidades únicas dos funcionários que se destacam:

- *Manifeste gratidão pelo desempenho do funcionário.* Às vezes, o profissional de alto desempenho não sabe que está se saindo tão bem. Por isso, sempre comece a conversa enumerando as realizações dele e lhe agradecendo por isso.

- *Compreenda o custo inerente aos ótimos resultados.* É importante saber *como* o ótimo desempenho foi alcançado e a que custo. Por exemplo, será que, para atingir seus objetivos, o funcionário mudou de comportamento? Ele parou de se preocupar com os colegas, evitou trabalhar em equipe ou deixou de lado o equilíbrio saudável entre vida pessoal e trabalho?

- *Não presuma que ele seja perfeito.* Todos podem evoluir profissionalmente, e, caso você não consiga estimular o desenvolvimento de um funcionário, estará prestando um desserviço – sobretudo se você for o gestor. Concentre-se no próximo passo que ele dará na carreira e identifique quais obstáculos podem surgir e como ele poderá superá-los.

- *Descubra como você está se saindo.* Faça perguntas do tipo "Como posso continuar dando suporte a seu bom desempenho?" ou "O que nós, como organização, podemos fazer para continuar melhorando e apoiando seu ótimo trabalho?". Ao ouvir perguntas assim, ele enxergará em você um aliado do seu desenvolvimento.

Quanto melhor for o desempenho do funcionário, maior deverá ser a frequência de seus feedbacks. Você e sua organização só conseguem sobreviver mantendo funcionários de qualidade na equipe. Portanto, quando você os apoia e os ajuda a se desenvolver, está investindo seu tempo de maneira inteligente. Ao dar reforços positivos regularmente e fazer com que os profissionais de destaque busquem o autodesenvolvimento, você lhes dá a possibilidade de comemorar o próprio sucesso e de trabalhar com eficiência visando sempre ao passo seguinte.

Dando feedback corretivo a seu chefe

Se dar feedback a um subordinado ou um colega já não é uma tarefa das mais fáceis, dar feedback corretivo ao chefe é bem mais complicado. Nesse caso, a regra geral é "pisar em ovos". Algumas dicas podem ajudar:

- *Identifique o problema.* Antes de tudo, discuta a questão com sua equipe. Eles têm tido a mesma dificuldade que você?
- *Decida se vale a pena abordar a questão.* Pense em alternativas. Se você e outros membros da equipe podem, por conta própria, minimizar o impacto do comportamento do gestor, talvez não seja preciso abordá-lo.
- *Prepare-se cuidadosamente.* Se você precisa mesmo dar feedback corretivo a seu gestor, reúna dados objetivos, como e-mails,

descrições de tarefas, situações, datas, etc., e apresente-os como um auxílio para encontrar a solução, não como um arsenal de provas.

- *Marque uma reunião.* Não surpreenda seu gestor – avise que quer discutir um assunto importante com ele em particular.

- *Descreva o comportamento e seu impacto na equipe.* Dê o feedback de forma direta, precisa e, acima de tudo, respeitosa. Descreva o comportamento que você deseja abordar, e não uma característica de personalidade. Evite o tom de acusação.

- *Faça uma sugestão ou um pedido, não uma exigência.* Em determinado momento você precisará passar da apresentação do problema para uma possível solução. Quando perceber que seu gestor está pronto, reflita junto com ele sobre quais são as alternativas para melhorar a situação.

- *Veja se ele está comprometido com as mudanças.* Mesmo que a conversa corra bem, assegure-se de que os próximos passos estejam claros para vocês dois. Pergunte algo como: "Temos um acordo quanto à forma de conduzir o processo pensando na evolução da equipe?" Mostre-se disposto a fazer sua parte.

Dar um feedback corretivo a um chefe é uma situação rara, assim como é raro que um feedback dê errado e gere uma crise. A melhor maneira de evitar as situações mais complicadas é criando um ambiente profissional que estimule e acolha o feedback. É o que discutiremos no capítulo a seguir.

Crie um clima favorável ao feedback

Crie um clima favorável ao feedback

Quando o funcionário acredita que a pessoa que está passando o feedback é confiável e tem boas intenções, é bem provável que essa opinião seja bem aceita e gere mudanças positivas. O papel do líder é criar um clima que estimule essa confiança.

Torne o feedback uma prioridade

O feedback – seja ele positivo ou corretivo – precisa ser visto como um processo contínuo, não como um simples comentário ou castigo ocasional e arbitrário. Assegure-se de que os profissionais a seu redor saibam que dar e receber feedback é um objetivo constante cuja intenção é aprimorar a empresa como um todo. Caso você seja chefe de gestores, informe a eles que, se eles próprios enxergam o feedback apenas como uma exigência a ser cumprida nas avaliações de desempenho, não estão cumprindo uma das expectativas básicas estipuladas por você. Tenha em mente o seguinte mantra: "Os profissionais com quem e para quem você trabalha devem saber como estão se saindo todos os dias."

Para mostrar que o feedback é importante na cultura de sua equipe ou organização, você precisa dar o exemplo e oferecer esse acompanhamento de modo regular e visível no dia a dia, não só nas reuniões individuais próprias para isso. Além disso, mostre-se aberto tanto a receber feedback de seus colegas e subordinados quanto a compartilhar suas observações sobre o trabalho deles. Não fique sentado aguardando alguém abordá-lo, sobretudo se tiver um cargo de liderança.

Dê feedback positivo em público

Reconhecer o bom desempenho sempre que possível e na frente da equipe é uma boa maneira de começar a construir uma cultura de feedbacks frequentes. Não seja o único a fazer isso: deixe claro que espera que todos na equipe deem feedback positivo publicamente.

Quando você adota o feedback positivo e dá o devido reconhecimento a trabalhos bem-feitos, promove o desenvolvimento pessoal e mostra que o feedback não precisa gerar ansiedade. Ao criar esse hábito positivo, seus subordinados e pares passam a confiar em sua mensagem e se mostram mais abertos ao seu feedback corretivo quando ele é necessário.

Ao dar feedback positivo para estimular a construção desse tipo de cultura, siga estas orientações:

- *Valorize até as menores conquistas.* Não presuma que só as grandes vitórias merecem vir a público. Quando presenciar *qualquer* comportamento que deseja estimular, deixe isso claro e manifeste apreço. Mostre a pares e subordinados diretos que é importante cumprir com qualidade até as tarefas menos importantes.

- *Elogie esforços, não habilidades.* Uma pesquisa da Universidade de Stanford realizada pela psicóloga Carol Dweck indica que elogiar o esforço persistente, mesmo quando não é bem-sucedido, ajuda a desenvolver a resiliência e a determinação, ao passo que, quando elogiamos o talento e a habilidade, formamos profissionais que têm aversão a correr riscos e dificuldade de lidar com contratempos. Em última análise, um ambiente que valoriza o esforço pode aumentar as habilidades dos funcionários.

- *Dê o feedback positivo... e pare por aí.* Não use o feedback positivo para amolecer a pessoa antes de fazer críticas. Isso desvaloriza e esvazia o elogio. Nesse caso, basta elogiar o bom trabalho. Estabeleça um tom que estimule o feedback positivo como finalidade, não como um meio para fazer críticas posteriores.

Empodere a equipe

Todos – não apenas líderes e gestores – devem fazer parte da cultura de feedback. A seguir, conheça algumas dicas para garantir que a voz de cada um seja ouvida:

- *Encare os desafios em grupo.* Estabeleça um comprometimento mútuo entre indivíduos e grupos para trabalhar em áreas que precisam de melhorias. Ensine as pessoas a não ter medo de apontar em quê o grupo está falhando (não as castigue nem ignore seus pontos de vista) e estimule-as a ajudar umas às outras a resolver os problemas. O feedback deve encontrar soluções coletivamente, não se deter no que está errado.

- *Estabeleça expectativas claras.* Isso vale para atribuições contínuas ou objetivos coletivos ou individuais. O feedback que não se baseia nesses parâmetros parece arbitrário.

- *Estimule as perguntas.* Declare abertamente que nenhum profissional em sua empresa deve ter medo de pedir esclarecimentos caso não entenda o que se espera dele ou não compreenda o feedback que recebeu.

- *Faça com que o "não" deixe de ser um problema.* Nas culturas que valorizam o feedback, existe o risco de que as pessoas se sintam obrigadas a parar para ouvir um feedback quando solicitadas a isso. No entanto, saber o momento apropriado para essa troca é parte importante do processo. Oferecer a liberdade de adiar a sessão caso o funcionário não esteja pronto garantirá que, quando a conversa de fato ocorrer, todos os funcionários estarão dispostos a ouvir o que você tem a dizer.

Quanto mais você criar um clima que estimule o feedback útil, mais natural o processo se tornará para todos. Isso não significa que um dia você chegará ao ponto em que não precisará mais refletir sobre o assunto: uma cultura que valoriza o feedback é, por natureza, vigilante. Mas essa vigilância é focada no progresso e feita por um observador atento e perspicaz, não por um supervisor exigente que só está aguardando a oportunidade para apontar os erros alheios. Quando você realiza uma observação ativa e atenta – e faz os demais saberem que espera o mesmo deles –, o feedback se torna uma arte apreciada por todos na empresa.

Dominar a arte do feedback produtivo exige tempo e atenção. Como qualquer habilidade, alguns têm mais facilidade para internalizá-la. Seja você novato ou experiente, as táticas descritas neste livro servirão como pontos de referência que podem ser revisitados sempre que você quiser refinar seu estilo e se sentir mais à vontade com o processo.

Saiba mais

Lições rápidas

Berglas, Steven. "Don't Sugarcoat Negative Feedback". HBR.org, 13 de setembro de 2013. https://hbr.org/2013/09/dont-sugarcoat-negative-feedba.

Nem sempre os gestores dispõem de elogios para gerar mudanças positivas. Às vezes, é preciso fazer críticas. Berglas oferece dicas sobre como dar feedback construtivo de maneira eficaz.

Goleman, Daniel. "When You Criticize Someone, You Make It Harder for That Person to Change". HBR.org, 19 de setembro de 2013. http://blogs.hbr.org/2013/12/when-you-criticize-someone-you-make-it-harder-for-them-to-change.

É importante se concentrar no que precisa mudar, mas a positividade pode gerar ótimos resultados. Goleman sugere que, ao dar feedback a um funcionário, você também pergunte a ele quais são seus desejos, sonhos e habilidades. Isso pode estimulá-lo a se tornar mais eficiente.

Pozen, Robert C. "The Delicate Art of Giving Feedback". HBR.org, 28 de março de 2013. http://blogs.hbr.org/2013/03/the-delicate-art--of-giving-fee.

As pessoas tendem a reagir intensamente a críticas. Pozen sugere a melhor abordagem para dar feedback corretivo e fornece dicas sobre como dar feedback positivo.

Livros

Green, Marnie E. *Painless Performance Conversations: A Practical Approach to Critical Day-to-Day Workplace Discussions.* Hoboken: Wiley, 2013.

A maioria dos gestores evita conversas difíceis sobre desempenho. Green mostra como vencer o medo de dar feedback produtivo a subordinados diretos. Repleto de dicas simples, perguntas para reflexão, frases práticas e estudos de caso, o livro ajuda o gestor a desenvolver a confiança e a criar um ambiente de trabalho com uma cultura fundamentada na responsabilidade.

Grote, Dick. *How to Be Good at Performance Appraisals: Simple, Effective, Done Right.* Boston: Harvard Business Review Press, 2011.

Este guia prático e conciso mostra como se sair bem em qualquer tarefa do processo de avaliação e gestão de desempenho de sua empresa. Com instruções passo a passo, exemplos e sugestões de roteiro, Dick Grote, especialista em gestão de desempenho, explica a melhor forma de lidar com atividades relativas à avaliação, como o estabelecimento de objetivos e a atribuição de responsabilidades, e o uso de coaching como forma de reconhecer um trabalho de qualidade, avaliar desempenho e criar planos de desenvolvimento. O autor também fala sobre como abordar outras atividades de gestão de desempenho exigidas por sua empresa, como políticas de remuneração, desenvolvimento e retenção de profissionais de alto desempenho e solução de problemas de pessoal.

Harvard Business School Publishing. *HBR Guide to Coaching Your Employees*. Boston: Harvard Business Review Press, 2014.

Este guia abrange o essencial do coaching. Explica como combinar as habilidades do profissional e as necessidades da organização, criar planos de desenvolvimento realistas mas inspiradores, dar feedbacks fáceis de pôr em prática e fornecer o apoio necessário para que os funcionários atinjam o máximo desempenho. Você também aprenderá a explorar os estilos de aprendizado de cada profissional, a estimular o desenvolvimento deles, a lhes dar espaço para resolver problemas e descobrir soluções por si sós e, por fim, a mantê-los engajados.

Harvard Business School Publishing. *A arte de dar feedback* (Coleção Um Guia Acima da Média). Rio de Janeiro: Editora Sextante, 2019.

Repleto de dicas práticas sobre desde como dar um feedback improvisado até determinar se seu funcionário já está merecendo uma promoção, este livro – uma versão mais aprofundada do *Feedbacks produtivos* – fornece as ferramentas necessárias para o domínio da arte de dar um feedback eficaz. Ele ensina a incorporar o feedback no dia a dia, destacar o impacto do comportamento dos funcionários na equipe e na organização, reforçar os valores organizacionais e as metas, fazer críticas construtivas sem gerar irritação e motivar as pessoas mesmo quando a situação financeira estiver desfavorável.

Stone, Douglas; Bruce Patton e Sheila Heen. *Conversas difíceis: como discutir o que é mais importante*. Rio de Janeiro: Sextante, 2021.

Os autores deste clássico partem da premissa de que conversas difíceis podem gerar estresse e ansiedade, quer sejam com um colega, um atendente de loja ou um parente, mas que evitar o confronto nem sempre é a melhor solução. *Conversas difíceis* mostra como transformar discussões complicadas em oportunidades de aprendizado, tanto dentro quanto fora do local de trabalho.

Weitzel, Sloan R. *Feedback That Works: How to Build and Deliver Your Message*. Greensboro: Center for Creative Leadership, 2000.

Especialista em desenvolvimento de liderança, Weitzel recomenda que você substitua declarações vagas, julgamentos apressados e ataques pessoais por comentários objetivos que ajudarão a melhorar o desempenho e a mudar comportamentos ineficazes. Para isso, sugere a técnica de feedback Situação-Comportamento-Impacto (SCI). Além de tutoriais, o livro conta com uma seção de "palavras de impacto" que podem ser usadas em qualquer conversa e uma lista do que deve ou não ser feito na hora de fornecer um feedback produtivo.

Artigos

Higgins, Jamie e Diana Smith. "The Four Myths of Feedback". *Harvard Management Update*, junho de 1999.

O maior obstáculo ao feedback construtivo são os mitos sobre o próprio feedback. Na contramão da crença popular, os autores acreditam que não há nada de errado em ficar na defensiva. Além disso, afirmam que erros não devem ser encobertos ou punidos. Eles fornecem quatro concepções errôneas sobre o feedback e mostram maneiras de superá-las, tornando as discussões sobre desempenho mais produtivas.

Krattenmaker, Tom e Richard Bierck. "Is There Any Good Way to Criticize Your Coworkers?". *Harvard Management Communication Letter*, março de 2000.

A crítica faz parte da nossa vida profissional. Em geral, nós as consideramos negativas, dolorosas e desagradáveis, tanto ao dar quanto ao receber. Muitos especialistas, porém, acreditam que, ao dar e receber críticas *positivas*, estamos no caminho do crescimento contínuo. Os autores deste artigo apresentam dicas sobre quando e como tecer críticas.

Peiperl, Maury A. "Getting 360-Degree Feedback Right". *Harvard Business Review*, janeiro de 2001.

Durante anos, Peiperl estudou a avaliação 360 graus tendo em mente as seguintes perguntas: sob quais circunstâncias as avaliações feitas por pares melhoram o desempenho do funcionário avaliado? Por que às vezes elas funcionam bem, mas às vezes não? O que executivos podem fazer para que elas gerem menos ansiedade e sejam mais produtivas para as organizações? Neste artigo, o autor explica como executivos podem usar a meta e a abrangência de suas ações para melhorar a avaliação 360 graus.

Phoel, Cynthia Morrison. "Feedback That Works". *Harvard Management Update*, fevereiro de 2009.

A maioria dos gestores diz que não gosta de dar feedback e acha que ele tem menos impacto do que deveria. Quem o recebe afirma que não obtém informações úteis o suficiente. Este artigo transforma a sabedoria de especialistas em gestão em sugestões para criar reuniões de avaliação positivas e eficazes com subordinados diretos.

Tópico relacionado: recebendo feedback

DeLong, Thomas J. "Three Questions for Effective Feedback". HBR.org, 4 de agosto de 2011. http://blogs.hbr.org/2011/08/three-questions-for-effective-feedback.

O que devo parar de fazer? O que devo continuar fazendo? O que devo começar a fazer? O texto de DeLong se desenvolve a partir dessas três perguntas que o leitor deve se fazer para obter uma avaliação verdadeira, melhorar o próprio desempenho e estimular o crescimento.

Folkman, Joseph R. *The Power of Feedback: 35 Principles for Turning Feedback from Others into Personal and Professional Change.* Hoboken: Wiley, 2006.

Só vale a pena dar feedback se o funcionário sabe converter as informações em mudanças. Baseado em anos de pesquisas, Folkman apresenta 35 princípios que podem maximizar o valor do feedback e transformá-lo em melhoria de desempenho.

Heen, Sheila e Douglas Stone. "Find the Coaching in Criticism". *Harvard Business Review*, janeiro-fevereiro de 2014.

Este artigo procura tornar o feedback mais útil, ensinando o leitor (seja ele quem dá ou quem recebe o feedback) a ter conversas produtivas. Os autores explicam por que conselhos ou avaliações muitas vezes não ficam gravados na consciência de quem os recebe e descrevem os seis passos necessários a quem deseja obter feedback de maneira mais eficaz.

Fontes

Principais fontes deste livro

Harvard Business School Publishing. *HBR Guide to Coaching Your Employees*. Boston: Harvard Business Review Press, 2013.

Harvard Business School Publishing. *A arte de dar feedback* (Um guia acima da média). Rio de Janeiro: Editora Sextante, 2019.

Harvard Business School Publishing. *Pocket Mentor: Giving Feedback*. Boston: Harvard Business School Press, 2006.

Colaboradores

Argyris, Christopher; professor emérito de educação, Harvard Business School.

Armstrong, Steve; vice-presidente, Kelly Services.

Baskette, Peter; gerente, Genuity Inc.

Briggs, Anne; ex-diretora de produtos, Harvard Business School Publishing.

Christiano, Richard; ex-diretor de administração e instalações, Harvard Business School Publishing.

Grossman, Jack e J. Robert Parkinson; autores de *Becoming a Successful Manager*.

Harris, Jamie O.; sócio-sênior, Interaction Associates Inc.

Higgins, Jamie; consultor sênior, Monitor Company.

Manzoni, Jean-François; professor associado de gerenciamento, INSEAD.

Plotkin, Hal; escritor e editor.

Smith, Diana; sócia, Action Design.

Outras fontes consultadas

Batista, Ed. "Building a Feedback-Rich Culture". HBR.org, 24 de dezembro de 2013. http://blogs.hbr.org/2013/12/building-a-feedback-rich-culture.

Dolan, Cheryl e Faith Oliver. "Does Your Office Need an Intervention?". HBR.org, 14 de dezembro de 2009. http://blogs.hbr.org/2009/12/does-your-office-need-an-inter.

Gallo, Amy. "Giving a High Performer Productive Feedback". HBR.org, 3 de dezembro de 2009. http://blogs.hbr.org/2009/12/giving-a-high-performer-produc.

Molinsky, Andy. "Giving Feedback across Cultures". HBR.org, 15 de fevereiro de 2013. http://blogs.hbr.org/2013/02/giving-feedback-across-cultures.

CONHEÇA OS TÍTULOS DA *HARVARD BUSINESS REVIEW*

10 leituras essenciais

Desafios da gestão
Gerenciando pessoas
Gerenciando a si mesmo
Para novos gerentes
Inteligência emocional
Desafios da liderança
Lições de estratégia
Gerenciando vendas
Força mental

Um guia acima da média

Negociações eficazes
Apresentações convincentes
Como lidar com a política no trabalho
A arte de dar feedback
Faça o trabalho que precisa ser feito
A arte de escrever bem no trabalho

Sua carreira em 20 minutos

Conversas desafiadoras
Gestão do tempo
Feedbacks produtivos
Reuniões objetivas

Coleção Inteligência Emocional

Resiliência
Empatia
Mindfulness
Felicidade

Para saber mais sobre os títulos e autores da Editora Sextante,
visite o nosso site e siga as nossas redes sociais.
Além de informações sobre os próximos lançamentos,
você terá acesso a conteúdos exclusivos
e poderá participar de promoções e sorteios.

sextante.com.br